D1678368

Antje und Karl Telgenbüscher

PADERBORN

Bewegte Zeiten - Die 50er Jahre

Wartberg Verlag

1. Auflage 1996
Alle Rechte vorbehalten, auch die des auszugsweisen Nachdrucks und der fotomechanischen Wiedergabe.
Druck: Bernecker, Melsungen
Buchbinderische Verarbeitung: Hollmann, Darmstadt
© Wartberg Verlag GmbH
34281 Gudensberg-Gleichen, Im Wiesental 1, Tel. 05603 / 4451 u. 2030
ISBN 3-86134-307-X

Vorwort

Nach der Zerstörung Paderborns am 27. März 1945, der wenige Tage später der Einmarsch der Amerikaner folgte, schrieb eine amerikanische Zeitung: „Das zerstörte Paderborn gleicht einem übertünchten Grab und wird wohl kaum an der gleichen Stelle aufgebaut werden können." (1) Paderborn war nach dem letzten großen Angriff tatsächlich fast eine tote Stadt, und was in den ersten Nachkriegsjahren an Wiederaufbau möglich war, mag wohl auch manchem wie ein Übertünchen erschienen sein. Wir wissen aus Augenzeugenberichten, daß vielen der brennend niederstürzende Domturm als das Symbol des endgültigen Untergangs der von Spreng- und Brandbomben brutal ausgeweideten und zerschlagenen Stadt erschienen ist. Solche Niedergeschlagenheit aber, die eine Folge dessen war, was man für den totalen Zusammenbruch halten mußte, hielt nicht lange vor. Sie konnte und durfte nicht vorhalten, denn wer in den ersten Wochen und Monaten sich der Trauer hingab, hatte keine guten Überlebenschancen. So machten sich die Paderborner sehr bald an den Wiederaufbau, und ihrer Tatkraft und glücklicher Umstände wegen - man konnte über eine Lorenbahn mit Lokomotiven, Gleisen und allem, was dazugehörte, verfügen - war Paderborn unter den ersten deutschen Städten, die sich von den Trümmern befreiten.

In den 50er Jahren ging es ohne Frage und ohne Unterbrechung voran. Diese Jahre des Wiederaufbaus waren ein langes Jahrzehnt, länger als nur zehn Jahre. Sie beginnen mit der Währungsreform und enden, als Anfang der 60er die Vollbeschäftigung erreicht ist. In diesen Jahren wurde - wohl bescheiden noch, aber entschieden und solide - die Grundlage für die großen Erfolge und die Dynamik der Stadt gelegt, die noch längst nicht an ihr Ende gekommen ist.

Warum sich Bilder aus vergangenen Zeiten anschauen? Reicht es nicht, wenn die Stadt aus Ruinen auferstanden ist und sich ganz der Zukunft zuwendet? Wer die scheinbar zeitlose Kindheit hinter sich gelassen und ein Stück Lebensweg zurückgelegt hat, wird immer die Bilder seiner Vergangenheit kopfschüttelnd und mit etwas Wehmut betrachten. „Das war ich! Das soll ich gewesen sein?" Ja, das war man, das ist man nicht mehr und ist doch der gleiche Mensch. Auch Städte haben Persönlichkeit und Charakter, die allermeisten jedenfalls, und Paderborn ganz bestimmt. Auch die Stadt wandelt sich, entwickelt sich, wird ganz anders und bleibt doch die gleiche Stadt. Wie man nicht zweimal in denselben Fluß steigt, so fällt man auch nicht zweimal in dieselbe Pader, ja man kommt auch nicht zweimal in dasselbe Paderborn.

Wer in dieser Stadt lange genug gelebt hat, wird sich der Faszination nicht entziehen können, die Bilder der Vergangenheit auslösen. Selbstgefühl und Identitätsbewußtsein müssen denen schwerer fallen, die nicht sagen können: „So waren wir in unserer Stadt!" Das ist kein blöder Lokalpatriotismus, nicht bloße Nostalgie oder Gefühlsduselei, schon deshalb nicht, weil hier auch Erleichterung darüber mitschwingt, daß diese Vergangenheit nicht nur bewahrt, sondern auch überwunden ist.

Vor der Zerstörung war Paderborn sicher idyllisch, aber keineswegs eine Idylle. Als auf dem idyllischen Ükern die Küchenabwässer aus dem Spülstein milchig grün und blau noch direkt in den Rinnstein flossen, lebten die meisten Paderborner doch in bescheidenen Verhältnissen und weit häufiger als heute in Häusern, die malerisch aussahen, Hygiene und Komfort aber nicht bieten konnten.

Der Krieg hat die meisten dieser alten Häuser zerstört. Nach dem Krieg waren Erhaltung und Rekonstruktion nicht das Allerwichtigste. Die Bauten aber, die machen, daß Paderborn sich wiedererkennt, sind wiederhergestellt worden: der Dom, das Rathaus, die historischen Kirchen und - leider nur noch als vereinzelte Belege - Bürgerbauten und Fachwerkhäuser. Die Neubauten der 50er Jahre sind weder idyllisch noch von postmoderner Eleganz, sondern einfache solide Kästen, zwischen denen Modernes und Postmodernes aufwächst.

Das Lebensgefühl, das aus den Fotos der 50er Jahre spricht, scheint ebenso einfach, solide und handfest. Man konzentrierte sich auf die Ausbildung und das berufliche Fortkommen, baute sein Geschäft auf, unternahm die erste Reise nach Ruhpolding oder Rimini, kaufte vielleicht das erste Auto und hatte, jeder nach seinen Möglichkeiten, am wachsenden Wohlstand teil. Die meisten Bilder rufen den Eindruck großer Bescheidenheit hervor - oder ist das nur so, weil wir heute selbstverständlich höhere Ansprüche stellen?

Es ging ruhig voran nach dem angsterfüllten Durcheinander der letzten Kriegsjahre. Sicher waren die 50er auch bewegte Zeiten, aber sie waren längst nicht wie heute so schnell, so dicht mit höchst bemerkenswerten Ereignissen durchsetzt, die morgen schon belanglos oder jedenfalls vergessen sind. Der mit den Erfolgen des Computerbauers Nixdorf wohl in den späten 60er Jahren aufgekommene Kalauer „Paderborn - nix Dorf!" verweist darauf, daß Paderborn noch recht provinziell, aber - nach allen objektiven Daten - im Begriff war, seine Provinzialität zu verlieren, und daß die Paderborner das nicht nur begriffen, sondern auch um keinen Preis provinziell sein wollten. Paderborn sollte möglichst Großstadt sein, wurde es und blieb aber doch in mindestens einem Sinne Kleinstadt: Paderborn kann noch immer Identität und Heimatgefühl vermitteln, nicht anders übrigens als „richtige" Großstädte, wenn sie ihre Geschichte, ihre Sprache und ihre eigenen Gewohnheiten und Feste haben. Die Kölner würden zu Fuß nach „Kölle" gehen, und es soll Paderborner geben, die an der „Paderborner Krankheit" leiden, einem Unwohlsein, das sich einstellt, wenn sie sich so weit vom Dom entfernen, daß sie ihn nicht mehr sehen können.

Die Entwicklungsrichtung zur Großstadt ist es wohl auch, die einen Chronisten der frühen 50er Jahre so gerne von der „Erbreiterung" von Straßen und

Plätzen schwelgen läßt. Paderborn in den 50er Jahren, das ist eine kleine Stadt, die aktiv wartet. Paderborn bereitete sich vor. So liegen auf den Fotos die „erbreiterten" Straßen und Plätze manchmal mit wenig Verkehr recht still - fast ein wenig öde - da, wartend auf das Wunder, das kam, und zu dessen Kommen die Paderborner kräftig beitrugen.

Heute ist die Welt ein Dorf und Paderborn ganz sicher keines mehr. Man kann Paderbornern leicht bei Ayers Rock oder auf den Malediven begegnen. Trotzdem sind neben den entscheidenden Elementen des Stadtbilds auch die anderen alten Identitätskerne der Stadt erhalten und wirksam. Ob man entschieden der Kirche und dem Erzbischof anhängt oder begeistert der kirchlichen Opposition und Eugen Drewermann, oder gar - Paderbörnsch gesprochen - „den Häachott 'n chuten Mann ßein läßt un sich um chanix kümmat", ob man Schütze ist oder die Schützen schmäht, das Liborifest sucht oder flüchtet, in all dem ist man Paderborner. Das Typische wäre ja ohne sein ebenso ausgeprägtes Gegenteil gar nicht erkennbar.

Man könnte finden, daß es zu viele Fotos von Ruinen in diesem Band gibt. Die Ruinen aber, von denen etliche - aus welchen Gründen auch immer - bis in die späten 50er und frühen 60er Jahre stehenblieben, sind lange ein Teil der Paderborner Identität gewesen. Jetzt, da schon die Bauten der 50er Jahre Neuem Platz machen, schwindet das Bewußtsein davon, daß wir in einer Stadt leben, die vor gar nicht langer Zeit starb und wiederauferstanden ist. Auch diesen Teil des Paderborner Identitätsgefühls möchte dieser Band bewahren helfen.

Er soll nicht nur „alte Paderborner" ansprechen, ist nicht als sentimentale Rückschau gedacht. Wer nicht hier geboren ist und erst seit einiger Zeit hier lebt, kann seinen Wohnort besser kennenlernen, wenn er sieht, wie dieser einmal war. Und wer die Vergangenheit einer Stadt kennt, wird sich in ihr eher zu Hause fühlen.

Die Fotos nehmen den Betrachter auf einen Stadtrundgang mit, dabei zeigen sie ihm oft Altes und Neues nebeneinander. Wir beginnen im Südwesten vor den Toren der Stadt, am Hauptbahnhof mit der Straßenbahn, die eine besondere Bedeutung in jener Zeit hatte, gehen über das Westerntor in die Westernstraße und weiter über den Marienplatz zum Rathaus. Dort biegen wir auf den Kamp ein, besuchen den Markt und den Domplatz. Vom Paderquellgebiet aus machen wir Abstecher in die Königstraße, zum Maspernplatz und zur Mühlenstraße, besuchen das alte Paderborn „Auf den Dielen", gehen die Heiersstraße hinunter und erreichen Orte an der Peripherie der alten Stadt: Liboriberg, Busdorfwall, Gierswall. Auf dem Tegelweg entfernen wir uns in Richtung Nordosten von der Kernstadt, besuchen die Stadtheide und verlassen Paderborn.

Antje und Karl Telgenbüscher

(1) zit. nach: Bernhard Reller, *„Neues Leben wächst aus den Ruinen". Erinnerungen des Altbürgermeisters Christoph Tölle* (Paderborn, 1986).

Die Bilder stammen aus unterschiedlichen Quellen, die am Ende des Bandes nachgewiesen werden.

Wertvolle Informationen verdanken die Autoren Maria Ilgen, außerdem Friedhelm Golückes Buch *Paderborn wie es war* (Paderborn, 1988) sowie Aufsätzen von Barbara Stambolis und Rolf-Dietrich Müller in: *Paderborn 1945-1955. Zerstörung und Aufbau*, hg. von der Stadt und der Universität-GH Paderborn (1987).

Jenny Alonis Gedicht „Das Haus" wird zitiert nach: Jenny Aloni und Hartmut Steinecke, *„...man müßte einer späteren Generation Bericht geben"* (Paderborn, 1995).

Dieser Blick aus der Liboristraße über den Kamp hinweg auf das Herz der Stadt, auf den Dom und die Gaukirche, zeigt noch schreckliche Zerstörungen. Das Foto stammt entweder aus dem Jahre 1947 oder 1948. Schaut man ein wenig genauer hin, so ist deutlich, daß seit dem Angriff vom 27. März 1945 schon viel geschehen ist. Das Schiff des Doms hat wieder ein Dach und die Gaukirche wieder eine Turmhaube - übrigens eine, die dem romanischen Turm angemessener ist als die alte. Etliche Häuser sind wieder aufgebaut. Als Baumaterial wurden deutlich erkennbar abgeklopfte Trümmersteine verwendet. Auch in dem Augenblick, als die Aufnahme entstand, ist etwas im Gange. Eine Reihe von Loren der Enttrümmerungsbahn werden offenbar beladen, im rechten Vordergrund findet sich das, was man in dieser Zeit ein Behelfsheim nannte. Als zwei geradezu symbolträchtige Brennpunkte des Bildes können im rechten und linken Mittelgrund - auf dem Kamp - die unversehrt gebliebene Statue des hl. Liborius und ein behelfsmäßiges Geschäftslokal gelten. Da hat jemand ein Stück Fassade, das wohl stehenblieb, ausgenutzt und wiederhergerichtet. Dahinter befindet sich nun eine „Friseurbude", wo die Männer sich gerne den Bart mit dem Messer abnehmen ließen, denn Rasierklingen waren nicht zu haben.

Foto oben: Um 1949/50 war Paderborn die „Heimkehrerstadt". Alle Züge aus dem Durchgangslager Friedland, meist mit etwa 1000 entlassenen Gefangenen, hatten Aufenthalt in Paderborn; die Männer - und immer wieder auch Frauen - wurden auf dem Bahnhof versorgt. Die Bevölkerung spendete Lebensmittel; für alle gab es freundliche Fürsorge und selbst ein „Schnäpschen". Die Heimkehrer, in alten Wehrmachtsuniformen und „Räuberzivil" und der erkennbar alte Eisenbahnwagen - jedes Coupé mit eigener Außentür - lassen die Lage dürftiger erscheinen, als sie tatsächlich war. Die adrett ausstaffierten Rotekreuzschwestern zeigen, daß die Kriegsgefangenen aus einer anderen Welt kommen.

Foto links: Die ihren einlaufenden Zug erwartenden Reisenden sind um das Jahr 1960 aufgenommen. Der Unterschied zwischen den beiden Bildern ist groß - sachlich und atmosphärisch. Der Bahnhof hat zu Beginn der 60er - mit dem Maßstab der Zeit gemessen - durchaus wieder etwas Eindrucksvolles und Repräsentatives. Man reist wieder. Mit Hut und Stock, in hellem Mantel und weißen Pumps kann man eine Reise tun. Dies ist längst nicht mehr vor allem ein Ort der ersehnten und oft gemeinsam erlebten Heimkehr. Man ist wieder für sich. Den Ankommenden raten die Reklametafeln, „was Gutes" zu kaufen und „jedesmal zu Klingenthal" zu gehen, denn „der Weg" zum Bekleidungshaus „lohnt sich".

Anfang bis Mitte der 50er Jahre. Die leere Straßenbahn nach Sennelager wartet am menschenleeren Bahnhof auf Fahrgäste, von denen man nicht glauben mag, daß sie kommen werden. Früher Nachmittag und in diesem Augenblick kein einziges Auto vor dem Objektiv der Kamera an einer der wichtigsten Ausfallstraßen Paderborns, da, wo es sich zum Ruhrgebiet und zum Rheinland öffnet. Es muß Sonntag sein, Sonntag in der kleinen Stadt Nix los! Man wirft sich noch nicht ins Auto und brettert irgendwohin. Wenn man reist, selten genug, so fährt man mit der Straßenbahn zum Bahnhof, und weiter geht es mit dem Zug, mit dem Personenzug, gar mit dem Eilzug, in seltenen Fällen auch mit dem D-Zug, weit weg, nach Köln oder Kassel. Kurzreisen mit der Straßenbahn ins „Lippsche", bis Detmold gemütliche drei Stunden. Autos waren für Behörden da und für Leute, die ein Geschäft hatten, für Bauunternehmer und Ärzte. Es ist die Zeit, da die ersten Studienräte den Gedanken wägen, ob ein VW - nur den Käfer gab es - nicht finanzierbar wäre. Die Autohändler stehen parat. Ein Autohaus, dem Bahnhof gegenüber, wirkt noch sehr bescheiden, aber alles ist vorbereitet. Das Paderborn, in dem es kaum Industrie gibt, verschwindet. Die Geschäfte werden sich bis zum Bahnhof erstrecken - und weit über ihn hinaus. So still wird es nicht wieder.

Anfang der 60er Jahre, kurz vor zwölf Uhr mittags. Es ist ganz gewiß nicht Sonntag. Es fahren keine Straßenbahnen mehr zum Bahnhof. Die Straßenbahn, das Massenverkehrsmittel des idyllischen vorindustriellen Paderborn, auf die man einmal so stolz war, ist etwa sechzig Jahre alt geworden und verschwunden. Ein Bus und ein gut ausgebauter Bahnhof sind zu sehen. Viel mehr Autos gibt es, aber doch nicht so viele, daß man nicht auch alltags einen kostenfreien Parkplatz finden könnte. Man sieht fast nur deutsche Marken; ein paar kleine Fiats und eine Renault Dauphine sind aber auch darunter. An die Japaner, die so fern nicht mehr sind, denkt niemand. Japaner, das sind noch Leute, die deutsche BMW-Motorräder und Leicas nachbauen. Ein paar Taxis warten auf betuchte Zugreisende; noch sind einige schwarze Karossen darunter, die an vergangene Zeiten erinnern, als fast alle Autos schwarz waren und etwas Bedrohliches hatten. Die Privatautos aber sind hell und bunt, nicht länger Symbole von Staatshoheit und Macht. Zwischen den Bahnsteigen des Bahnhofs quillt weißer Dampf auf, die Elektrifizierung wird noch ungefähr anderthalb Jahrzehnte auf sich warten lassen. Dieses Paderborn vor den Toren Paderborns könnte überall sein.

Foto links außen: Wer so von der Spitze der Herz-Jesu-Kirche im Frühsommer 1954 auf Paderborn sah, hatte nicht mehr den Eindruck einer noch vor neun Jahren zu 85 % zerstörten Stadt. Man muß genau hinschauen, um aus dieser Perspektive noch Trümmergrundstücke zu entdecken. Die Dächer der Stadt bieten sich dem Auge alle solide und ordentlich gedeckt dar, nur dem Domturm fehlt noch der Helm, aber die Einrüstung hat schon begonnen. Im Oktober wird Richtfest sein. Eine unglaubliche Leistung. Dies ist einfach eine Stadt, in der tüchtig und großzügig gebaut wird, eine Stadt, die Anschluß an die Moderne gefunden und am „deutschen Wunder" teilhat. Von einem „übertünchten Grab" zu reden, wäre absurd.

Hier haben wir es mit der Visitenkarte des neuen Paderborn zu tun. Angesichts des noch geringen Verkehrs scheint die Verkehrsführung am Westerntor geradezu übertrieben großzügig, und es scheint noch unvorstellbar, daß diese Lösung eines Tages dem enorm angewachsenen Verkehr nicht mehr gerecht werden wird. Die beiden großen neuen Blöcke am Eingang zur Westernstraße - Wohn- und Geschäftshäuser - markieren repräsentativ den Beginn der Westernstraße, der alten und neuen Geschäfts- und Flanierstraße. Der linke ist fertiggestellt und bezogen, am rechten wird noch gearbeitet.

Foto links: Dieselben Bauten etwa sieben Jahre später. Alles ist fertig, die Leuchtreklamen sind installiert, Fahnenschmuck und Transparente. Es mag Libori sein. Paderborn ist kein Dorf. Darauf einen Dujardin!

Foto rechts: Karg und grau sieht die Westernstraße an diesem kühlen Tag im Jahre 1952 noch aus, wenn auch wohl keine Stadt damals so grau war, wie sie auf Schwarz-Weiß-Fotos wirkt. Durch die bescheidene Einkaufsstraße wird der spärliche Verkehr geführt, auch die Straßenbahn. Ihre Schienen wurden besonders bei Nässe eine Falle für Radfahrer. Kein einziger Privatwagen, nur Lastwagen und eine Karre sind zu sehen. Zum Vergnügen „juckelt" niemand in der Stadt herum, wie die Paderborner sagen. Die Atmosphäre erinnert an den Ostblock. Es wird wieder konsumiert, doch noch auf niedrigem Niveau. Einige Häuser sind noch eingeschossig. Zunächst richtete man das Geschäft her, und erst wenn wieder Geld da war, wurde aufgestockt. In das eingeschossige Haus rechts ist schon 1950 Favretti eingezogen, wahrscheinlich das erste ausländische Geschäft in Paderborn. Eine Eisdiele und eine Institution! Sie brachte Farbe in das Nachkriegsgrau. Dort trafen sich die Schüler, um dann wie schon vor dem Krieg auf der Westernstraße zu flanieren: „in via" zu gehen, wie man gern gebildet sagte. Merkwürdig eng wirkt diese Hauptgeschäftsstraße noch. Als Fußgängerzone heute - seit man fast über die ganze Breite der Straße „schoppen" und schlemmen kann - scheint sie erheblich weiter.

Foto rechts außen: Nur wenige Jahre später zeigt die Westernstraße, Richtung Marienplatz, schon ein ganz anderes Gesicht. Das liegt nicht nur daran, daß die dunklen Wintermäntel Sommerröcken gewichen sind, deren Farbe sich der Betrachter ausmalen muß. Atmosphärisch hat sich etwas geändert. Die Straße füllt sich mit Reklame, mit Verkehrsschildern. Der weiße DKW bringt einen Hauch Luxus ins Bild.

Foto links: Hat uns der Fotograf, der diese Konfrontation von Geschäftshaus und Kirche inszeniert hat, etwas sagen wollen? Das Haus Klingenthal - 1928 im progressiven Baustil der Neuen Sachlichkeit errichtet - scheint weit über die Westernstraße zu reichen, während die Franziskanerkirche - im Volksmund „Paterskirche" - an den Rand gedrängt wird. Und die Menschen? Man geht ordentlich angezogen, mit Schlips und Kragen, Kleppermantel und Hut. Die Aktentasche hat den Rucksack der Hamsterzeit abgelöst. Weniger Akten als die Blechdose für Butterbrote werden darin verwahrt. An Kollegmappen, Diplomatenkoffer gar ist noch nicht zu denken. Überhaupt sind die 50er Jahre die Zeit der Aktentaschen, der Klepper- und Lodenmäntel. Alte Frauen tragen Schwarz und sehen noch wie alte Frauen aus, junge schieben den Kinderwagen.

Foto oben: Konkurrenz hebt's Geschäft: Gegenüber der 30jährigen Firma Klingenthal hat der Kaufhof eröffnet. Seine Glasfassade ist „neueste Sachlichkeit". Der Verkehr ist 1958 noch dünn: zwei Autos, zwei Fahrräder. Man fährt Rad, weil man muß, nicht als Hobby. Keine Imbißbuden weit und breit - man ißt zu Hause. Das Schmuddelwetter wird nur von Klingenthals Jubiläumsrosetten und der Linie 2 aufgehellt.

Foto rechts: Weiter zum Marienplatz, doch in der Zeit rund zehn Jahre zurück. Hier wird 1949 das Heisingsche Haus wieder errichtet und die Renaissancefassade restauriert. Wie durch Filigran sind die ausgebrannten Türme der Abdinghofkirche zu sehen. In das prächtige Bürgerhaus zog 1950 die Stadtverwaltung ein, die Sparkasse nebenan ist längst wieder im Geschäft, und bei Heinrichsdorff werden bald wieder Mützen verkauft.

Foto links: Der Marienplatz an einem ganz normalen Wochentag, 1954 oder 1955. Ein von Drähten und der Oberleitung der Straßenbahn durchkreuzter Himmel, doch bieten die Lampen sicher nicht die verschwenderische Helligkeit, an die wir heute gewöhnt sind. Es geht geschäftig zu. An den Häusern viele leere Fahnenstangen für das nächste Fest. Warten sie auf das Kommando, das um 1950 in der Lokalzeitung noch „Fahnen heraus!" hieß, oder bitten sie schon um „festlichen Fahnenschmuck"? Ein ganz normaler Wochentag.

Foto oben: Eine Pfarrprozession zieht über den Rathausplatz zum Marienplatz hinunter. Es ist Sonntag, kein Auto auf der Straße, sie ist ganz den Gläubigen vorbehalten. Im Krieg und in den Jahren davor waren Prozessionen wie diese eingeschränkt; jetzt läßt sich damit auch ein Gefühl von Freiheit demonstrieren. Die Paderborner haben zu ihrer Identität zurückgefunden. Bei diesem Ereignis in der Innenstadt herrscht getragener Ernst, die moderne Spaßgesellschaft scheint noch Äonen weit entfernt. Außenstehende gibt es kaum, alle scheinen mitzugehen. Fromme Paderborner unter sich. Heute, da Touristen und Menschen aus allen Kulturkreisen zum Stadtbild gehören, wirkt dieser Zug wie aus einer anderen Welt. Die Pfarreien in der Innenstadt wurden kürzlich zu einer einzigen zusammengelegt. Doch der weltliche Kontrapunkt zum religiösen Ernst ist auch auf diesem Bild gegenwärtig: Man zieht an dem Café von „Wiemuths Tetteh" vorbei. Das Lokal und vor allem die Wirtin waren den Paderbornern ein Begriff.

Foto oben: Eine historische Aufnahme des Rathauses mit einem Dreiwagenzug der Straßenbahn. In der Rückschau wird dieses Ensemble als idyllisch empfunden, obwohl die Straßenbahn vor der Renaissancefassade ein Fremdkörper ist, der dazu noch Reklame macht für Waschpulver und Schnaps. Aber selbst das kann Jahrzehnte später schon nostalgische Gefühle auslösen: Sommersonntage in Paderborn, als weiße Blusen und Doornkaat zur guten Lebensart gehörten...

Foto rechts: Auf diesem Winterbild zeigt sich Paderborn nicht so blitzblank. Für einen Werbeprospekt des Verkehrsvereins eignet es sich nicht. Das ist nicht das adrette moderne Paderborn, mit strahlend blauem Himmel und wehenden Fahnen, das sich weltoffen und werbewirksam den Touristen darstellt. Es zeigt ein düsteres, trauriges, auch ärmliches Paderborn, im Schlackerwetter, im Schneematsch. Hier wird die Stadt ihrem Image gerecht, das ihr soviel Niederschläge zuschreibt wie dem ebenso katholischen Münster. Weh dem, wer hier nicht dazugehört, kein Schütze ist, kein Gesangbuch und kein Zuhause hat. In harten Aufbauzeiten geht man auch härter mit Außenseitern um - mit denen, die nicht mithalten können. Und doch gab es in der Stadt der Klöster und Kirchen immer „'ne ßuppe bei de Paters und de Nönnekes"... Hinter den Ladenzeilen und Kirchenfronten lag auch eine Rückseite, die - wie der spätere Königsplatz im Abseits - kaum je fotografiert worden ist.

Wer ist dieser Mann mit der seltsamen Kopfbedeckung vor einer der frisch ausgebesserten Säulen der Prunkfassade des Rathauses? Die Stimmung ist ernst. Von „Gerechtigkeit" und „Gleichstellung" scheint die Rede. Seltsam aber die Atmosphäre eines Notbüros im Wohnzimmer, seltsam der Plüschsessel mit Beistelltisch, über den zierlich eine Tischdecke gebreitet ist, seltsam der Aktenordner und seltsam die Milchflasche mit Strohhalm. Bald nach dem Kriege muß es sein. Die Mädchen tragen Schürzen und das Haar stramm und schwer geflochten. Da steht ein Junge in früher Nachkriegslederhose - spätere Modelle haben statt des geknöpften Vorderlatzes zwei glänzende Reißverschlüsse. Man schreibt das Jahr 1950, vor drei Jahren erst wurde Gandhi ermordet. Wir haben es mit dem „neuen" oder auch dem „westfälischen Gandhi" zu tun, beziehungsweise mit „Linsen Kater", eigentlich aber mit dem Konservenfabrikanten Carl Adalbert Linse. Der kämpft für gleiches Recht auf Entschädigung für Ausgebombte und Flüchtlinge. Der Hungerstreik aber, bei dem er sich gestattete, Milch zu trinken, trug ihm einigen Spott ein. Auf dem Kamp werden wir ihm wieder begegnen.

Die Rückseite des Rathauses, vor dessen Portal sich Carl Adalbert Linse so spektakulär zu inszenieren wußte, ebenfalls 1950. Eine echte Rückseite, die der Baumeister wohl nicht für den bewundernden Blick, wie ihn die Vorderfront dem Besucher vom Marienplatz her erlaubt, gedacht hat. Ansonsten scheint alles wie eh und je. In Wirklichkeit arbeiteten die Verwaltungsleute erst im provisorisch fertiggestellten Untergeschoß, und hinter der Tür im steinernen Bogen unter den drei hohen Fenstern befand sich nichts als das Klo, das man nur von außen erreichen konnte. Es fehlt noch viel, die beiden Autos an der Seite sind Vorkriegsmodelle, der schwarze Kasten ein Opel P4 aus den frühen 30er Jahren. Ob die abgeklopften Trümmersteine im Vordergrund noch verbaut werden, steht dahin. Die Währungsreform ist gewesen, die Bundesrepublik gegründet. Von nun an geht's bergauf. Ein Anblick, den es nie mehr geben wird. Wenigstens wollen wir das hoffen. Man klage nicht, heute sei das Rathaus von Banken umstellt, auch das Theater liegt in dieser Perspektive. Der freie Blick auf die Rückseite war das Ergebnis einer Katastrophe, und wahrscheinlich könnte nur eine Katastrophe ihn wiederherstellen.

Foto oben: Der Rathausparkplatz während der Liboriwoche 1952. Zweihunderttausend Menschen sollen Paderborn besucht haben. Das Fahrrad ist ein Massenverkehrsmittel, die Motorräder beginnen gerade erst das „Verkehrsmittel des kleinen Mannes" zu werden. Bald gibt es Markenhierarchien: NSU, DKW und Zündapp, naja, Horex ist toll, und eine BMW heißt für die meisten, das Wunderding in Andacht und Ehrfurcht ausdrückender Distanz zu umschleichen. Das Auto ist noch immer die Ausnahme. Der Parkplatz ist bewacht.

Foto rechts: Viele der Papas dieser jungen Herren, die hier vor dem Rathaus im März 1959 ihr Abitur feiern, haben bestimmt schon ein Auto. Es müssen übrigens Reismänner sein; das Theodorianum ließ gegenüber der Presse verlauten, Theodorianer hätten so etwas noch nie getan. Man parodiert, was man einmal sein will und sein wird. Ein aufgeklebter Schnurrbart ist in bartlosen Zeiten ein Ereignis, die Welt in Ordnung. In diesem Jahr schwört die SPD dem Marxismus ab. Ein Vertreter der Aufbaugeneration - Lodenmantel, Zigarre und Hut - schaut grimmig: „Dat ßoll nunn ßowat ßein!"

Foto links: Wir befinden uns zu Libori 1952 genau da, wo zwei Jahre zuvor der westfälische Gandhi hungerte. Man hungert nicht mehr. Die Freßwelle, Begleiterscheinung der ersten Phase des Wirtschaftswunders, hat eingesetzt. Der dicke Mann am rechten Bildrand müßte heute über eine Schlankheitskur nachdenken. Zwar steht die Jesuitenkirche noch ausgebrannt, harsch und mahnend im Hintergrund, aber das Dunkel der Fensterhöhlen zeigt, daß sie ein Dach hat. Das ganze Leben wird üppiger, sogar die Autos legen zu. Das zeigen die beiden Buckelfords aus Köln. Das ältere Modell, wohl aus dem Jahre 49, hat einen schlichten Kühlergrill, bei dem neueren wulstet vorn schon Chrom. Gut möglich, daß der „Leukoplastbomber" Lloyd aus dem Hause Borgward - zwischen den beiden - schon ein Blechkleid trägt.

Foto oben: Gegen Ende der 50er Jahre walten unbescholtene Paderborner Handwerksmänner der Bruderschaft der Liborischreinträger ihres Amtes. Hier wird nicht Üppigkeit demonstriert, sondern der über Zeiten und Individuen hinweg fortdauernde Respekt vor dem, was der alten Stadt seit je heilig war. Die alten Gewänder waren im Bombenfeuer verbrannt. Seit 1953 sind sie wieder, wie sie waren.

Foto links oben: Anläßlich des Landtagswahlkampfs 1958 treten zwei Nachwuchspolitiker der Opposition, angespannt wie Unterhändler aus einem fremden Lager, am Rathaus in den Schildern ein. Willy Brandt, immerhin schon Regierender Bürgermeister von Berlin und Präsident des Bundesrates, ist 44 Jahre alt, hat - wie die „Freie Presse" schreibt - „die besten Jahre noch vor sich" und eine große Rede für Aloys Schwarze, den Paderborner Chef der „Freien Presse", der Landtagsabgeordneter werden möchte, hinter sich. Die CDU hat 1957 die absolute Mehrheit im Bund gewonnen: Willy Brandt hat Flagge gezeigt, mehr konnte es in Paderborn nicht sein.

Foto links unten: Flagge - allerdings eine ganz andere - zeigte auch acht Jahre zuvor Linsen Kater vor der Ruine des Hotels Kaiserhof: „Fünf Jahre wandele ich auf dem Wege von Jerusalem nach Jericho. Aber der Samariter ist mir bis heute nicht begegnet." Ein früher Bürgerrechtler, der politisch erfolglos blieb. Es geht auch ohne ihn: Das Theodorianum *(Foto rechts)* ist bald restauriert, schon seit Dezember 1948 fährt die Straßenbahn wieder über den Kamp bis zum Bahnhof.

Die Sozialdemokraten warten nach großen Siegen im Lande auch heute noch vergebens auf den großen Sieg in dieser Stadt.

Foto links außen: Der traurige Anblick, der sich hier Mitte der 50er Jahre auf dem Kamp bietet, war einmal das beste Hotel Paderborns: der „Weiße Schwan" der Familie Löffelmann. Man sieht nur den kläglichen Rest einer einst herrlichen Renaissancefassade. Der Landeskonservator hat sich lange bemüht. Ende 1958 steht fest, daß nichts zu retten ist. Nur das Barockportal wird fast zwanzig Jahre später dem Neubau der Domkellerei Goertz am Markt implantiert. Das Grundstück wurde von einer Bank gekauft. Man konnte etwas Modernes bauen.

Foto links: „Hilfreich Du hege immerdar uns allhie, Sancte Libori!" Der Satz stammt aus dem Liboriusstück „Der güldene Schrein", das 1956 schräg gegenüber der Hotelruine vor der Theologischen Akademie mit einigem Pomp aufgeführt wurde. Paderborn war 1150 Jahre Bischofsstadt, Anlaß genug für einen Redakteur der „Freien Presse", eine dramatische Ode (mit Sprechchor) auf die Stadt und ihren Schutzpatron zu verfassen. Die Bomben hatten das Standbild unversehrt gelassen. Erzpaderborner halten das nicht für einen Zufall, ebensowenig wie Gries und Nierenstein, die der Heilige ebenfalls fernhalten kann. Bis auf die Turmhaube des Theodorianums bietet dieser Teil des Kamps hier nahezu wieder das gleiche Bild wie vor dem Krieg.

Foto oben: Hier kehrt nicht der entwaffnete Generalstab einer geschlagenen Armee nach dem Waffenstillstand in sein Hauptquartier zurück, hier ziehen im April 1949 Oberste und Offiziere von über 100 Sebastianus-Bruderschaften des Erzbistums vom Domplatz kommend zwischen Ruinen, leergeräumten Flächen und Buden am Bogen in Richtung Kamp. Die dunkle Bude mit dem weißen Schild ist die Bäckerei Honervogt; an der Ecke, wo die kahle Litfaßsäule steht, befindet sich heute das Gericht.

Foto rechts: Heute darf man es wohl Hysterie nennen, daß die Militärregierung den braven Schützen ihre Feuerrohre abnahm. Das Armbrustschießen wird auf dem Schützenplatz geübt... Was mag sich in der Aktentasche verbergen?

Foto links oben: Feldherrlich wirkt er ja, der Schützenoberst, der hier in den frühen 50ern mit weitem Abstand vor seinen Truppen auf den noch brunnenlosen Marktplatz reitet.

Foto links unten: Aber auch der Offizier, der im April 1949 dem Erzbischof Meldung machen zu wollen scheint, wirkt nicht wie ein Meßdiener. Bei der Militärregierung war seinerzeit der Begriff „Uniform" verpönt, also mußte sie „traditionelle Tracht" heißen - einschließlich der Reithosen und Schaftstiefel. Bei den traditionellen Idealen der Trachtträger - „Glaube, Sitte, Heimat" - konnte da nichts schiefgehen.

Foto oben: Vorbeimarsch der Schützen am Erzbischöflichen Palais, ebenfalls im April 1949.

Die Sebastians-Bruderschaften ziehen anläßlich ihres Treffens am Generalvikariat vorbei. Das wirkt nicht sehr militärisch, sondern angesichts der Ruinen und des Bauschutts eher wie der Ausdruck der Entschlossenheit, sich nicht hängen zu lassen. Die „Neue Illustrierte" - und im Nachklapp die „Neue Berliner Illustrierte" in Ostberlin - wollte in den moderaten Parademärschen, welche die alten Hosen wieder ein wenig flattern ließen, partout Militarismus sehen. Heute wissen wir zweifelsfrei, daß es keiner war - ebensowenig wie ein Junge mit einem Indianerkopfschmuck notwendig ein Indianer sein muß.

Menschen sind auf dem Weg zur Liborifeier im Hohen Dom. Die Zerstörung der Stadt ist 1952 noch überall augenfällig, doch das traditionelle Volksfest wird wieder „wie früher", kirchlich und weltlich zugleich, gefeiert. Der Domturm ist noch ohne Helm, und an den Krieg erinnern die beiden englischen Soldaten am unteren Bildrand. Die Besatzung war immer präsent - nicht feindlich, doch unübersehbar. Mittwochs und samstags, am Nachmittag und abends schwärmten die uniformierten Soldaten in die Stadt aus. Damals waren es nicht nur Berufssoldaten, sondern junge Wehrpflichtige aus allen Schichten der englischen Bevölkerung. Ihnen kamen Paderborner Schüler näher, wenn sie ihre noch unvollkommenen Englischkenntnisse ausprobierten: „Excuse me, Sir, have you cigarettes?" Für eine Mark gab es 20 Senior Service oder Player's Navy Cut… Die Soldaten bekamen sie für einen Shilling, damals 60 Pf. Ein englisches Pfund war also zwölf D-Mark wert.

Der festliche Domplatz weckt auch Erinnerungen daran, wie bescheiden es damals zuging. Zwar strömten die Besucher während dieser Liboriwoche vor allem aus dem Land ringsum wieder massenhaft in die Stadt, doch war dem Verkaufsangebot auf dem Domplatz noch aller Luxus fremd. In den Ständen liegt vor allem Nützliches für den alltäglichen Gebrauch aus: „Schlicht und einfach, aber haltbar" ist die Devise.

Noch steht der Domturm frei. Die historischen Fachwerkhäuser sind dem Krieg zum Opfer gefallen, und an das umstrittene Diözesanmuseum denkt noch niemand.

Festlich geht es auch auf diesem Bild zu. Die Schülerinnen des Gymnasiums St. Michael feiern 1956 wie jedes Jahr ihr Schulfest. Auf dem Hof tanzen sie die „Tampête", einen jahrhundertealten, aus Frankreich stammenden Gesellschaftstanz, der in Paderborn auf jedem Schützenball getanzt wird, auch wenn es heute nicht mehr leichtfällt, diese traditionelle Pflicht zu erfüllen. Schwester Klara hat mit ihren Schülerinnen den Tanz eingeübt und Hauben aus buntem Kreppapier gebastelt. Man gab sich noch große Mühe, aus einfachen Mitteln selbst etwas herzustellen, statt es zu kaufen. Das Wegwerfen war noch nicht in Mode gekommen, weil man es sich noch nicht leisten konnte.

Das idyllische Bild wirkt rückwärts gewandt, wie aus der Zeit gefallen. Hier deutet nichts darauf hin, wie sich die Stadt, in der auch diese Idylle noch zu Hause ist, einmal entwickeln wird. Kein Hinweis darauf, daß sich das Frauenbild ändern und Paderborn eine Generation später selbstverständlich eine Gleichstellungsbeauftragte haben wird… Dieser Hof mit den Bäumen und der tanzenden jungen Mädchenblüte ist eine Enklave, in der es scheinbar keinen Krieg, keine politischen Veränderungen gegeben hat, dabei haben doch auch die Schwestern des St. Michaels-Klosters seinerzeit in den Trümmern Steine geklopft.

Bis in die 50er Jahre hinein war es den Schülerinnen nicht erlaubt, lange Hosen zu tragen, es sei denn, diese waren durch ein Kleid darüber verhüllt. Hier bewegen sich sanft und harmonisch die weiten Röcke, während andernorts beim Rock' n' Roll schon die Petticoats flogen.

Foto links: Dom vom Rothoborn aus gesehen, 1949/50. Noch scheint dieser Ort wie ausgestorben.

Foto oben: 1954 ist der Turm zum Leben erwacht, er wächst nach oben. Im Gerüst drängen sich die Arbeiter. Es geht wieder aufwärts!

Foto rechts: Blick vom Domturm auf den Markt, einige Zeit später. Wie eine Wunde der Platz, wo die Häuser standen, die im Krieg zerstört wurden, und wo 1975 das Diözesanmuseum entstehen wird.

Das Richtfest des Domturms wird vorbereitet. Arbeiter bringen die Krönung auf der Spitze an. Das Doppelkreuz ist sorgfältig eingepackt, um es vor Schrammen zu schützen. Drei der Männer tragen die damals typische Kopfbedeckung der Arbeiter, die „Skimütze" genannt wurde und einmal Uniformstück der deutschen Wehrmacht war. Unmittelbar nach dem Krieg hatte die britische Militärregierung das Tragen solcher Mützen noch verboten.

Foto rechts: Sonntag, 17. Oktober 1954, der Tag nach dem Richtfest, einem Freudentag für die ganze Erzdiözese, wie die „Freie Presse" schreibt. Der Richtkranz ist aufgezogen, die Stadt hat den Wendepunkt ihrer Nachkriegszeit erreicht. Der gerichtete Domturm ist das Symbol dafür, daß sie wirklich aus Ruinen auferstanden ist. Doch das Heile und die Zerstörung liegen noch eng nebeneinander. Die Alexiuskapelle gleicht einer romantischen Ruine, die von der Zeit und nicht durch Bomben zerstört worden sein könnte. Eine Mutter mit ihren Söhnen macht einen Spaziergang zum Paderquellgebiet. Die gutbürgerliche Mode hat die Weltkatastrophe überlebt. Ein junger Mann trägt Knickerbocker, ein Kleidungsstück, das nach den 50er Jahren verschwand.

Auf dem Domplatz warten Kugel und Doppelkreuz darauf, die Turmspitze zu krönen: Paderborn wird wieder unter dem Zeichen leben, unter dem es jahrhundertelang gelebt hat. Bürger bestaunen es aus der Nähe. Es ist in Wirklichkeit sehr viel größer, als man erwartet hat. Die Krönung mißt sechs Meter. Es regnet. Die Männer in zeitgemäßen Klepper- und Lodenmänteln. Gegenüber faßt eine Frau neugierig die vergoldete Riesenkugel an. Die Urkunde, die sie enthält, schließt mit den Worten des Erzbischofs: „Gott schütze das ehrwürdige Bauwerk und erhalte uns einen langen Frieden."

Foto oben: Im Garten des St. Michaels-Klosters tanzen die Mädchen, darüber erheben sich der Doppelturm der Abdinghofkirche und der Domturm mit Richtkranz und Fahnenschmuck. An diesem Herbsttag im Jahre 1954 ist die Paderborner Welt wieder heil.

Foto rechts: Samstag nachmittag, 16. Oktober 1954. Die Festgemeinde ist auf dem Marktplatz versammelt. Es regnet, doch in den vorderen Reihen, wo die Ehrengäste sitzen, sind keine Schirme aufgespannt. „Deo gratias!" ist der Ruf der Stunde. Es herrschen Ernst und Andacht. „Ungezählte Tausende beim Domrichtfest", meldet das „Westfälische Volksblatt" und zitiert Erzbischof Dr. Lorenz Jaeger, der den Domturm „ein Symbol der Glaubenskraft und Glaubenstreue unserer westfälischen Menschen" nannte. Dompropst Josef Brockmann bezeichnete den Turm „in seiner Größe und Schönheit" als „ein Abbild der Seele und des Wesens des westfälischen Menschen", er

ströme Ruhe und Gelassenheit aus. Bürgermeister Christoph Tölle schließlich rief der Festgemeinde zu: „Wir wissen, daß eine Landschaft ohne Kirche eine Landschaft ohne Seele ist, und haben von der Stadt aus immer alles getan, um den Wiederaufbau zu fördern. Paderborn hat jetzt seinen Dom und sein Rathaus wieder." Die Menschen sind stolz auf ihre Stadt. Auf die eigene Nation stolz zu sein, war unmöglich geworden; der Stolz auf den Heimatort und seine Geschichte hatte sein Recht.

Von den Frauen sitzt bei diesem großen Ereignis keine in den vorderen Reihen. Frauen bleiben noch im Hintergrund, bei den Kindern. Und doch gehören einige schon seit Kriegsende zum Stadtrat.

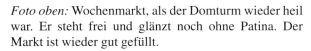

Foto oben: Wochenmarkt, als der Domturm wieder heil war. Er steht frei und glänzt noch ohne Patina. Der Markt ist wieder gut gefüllt.

Foto links: Die große Liborius-Prozession verläßt den Dom.

Foto rechts: Zum Liborifest gehört auch der Pottmarkt auf dem Kleinen Domplatz. Hier wird die jährliche Gelegenheit wahrgenommen, sich mit dem Notwendigen für Haushalt und Garten zu versorgen. Das Angebot ist einfach: Es stapeln sich Riesentöpfe, Eimer, Nachtgeschirr... Wäsche wurde damals noch gekocht, Obst aus dem eigenen Garten eingemacht, Kartoffeln wurden in Körbe gesammelt. Die sanitären Verhältnisse waren schlechter - und die Familien offensichtlich viel größer als heute. Wer sollte sonst das alles essen, was in diesen Riesenkochtöpfen auf den Tisch kam?

Foto links: Diese verwinkelte Kleinstadtidylle hat den Krieg überlebt, und doch gibt es sie nicht mehr. Die Treppe - das Foto zeigt nur ihren mittleren Teil - bildete das untere Ende des Ikenbergs gegenüber der heutigen Stadtbibliothek. Der Rothoborn rechts neben dem Fuß der Treppe ist noch da. Auf dem Gelände des Ikenbergs wurde - nach Ausgrabungen in den 60er und 70er Jahren - die Kaiserpfalz des 11. Jahrhunderts wieder aufgebaut. Ein Stück altes Paderborn mußte dem noch Älteren Platz machen. „Diese hohe Treppe", erinnert sich eine Paderbornerin, „ - das war so anstrengend, wenn man die als Kind hochsteigen mußte, die nahm und nahm kein Ende…"

Foto oben: Die Kriegsruine des alten Archivgebäudes, des Spitals des Abdinghofklosters, wird 1951 abgebrochen, um Platz zu schaffen für die neue Parkanlage im Herzen der Stadt. Die Börnepader fließt an Mauerresten vorbei, Jungen stehen um einen Pferdewagen herum. Hier war einmal Jenny Alonis Elternhaus. Sie schreibt 1955: „Und diese Pappeln, die so kahl und starr / von lauen Frühlingslüften unerweckt/ in graue Himmel ihre Zweige spreizen, / erinnern sich vielleicht noch jenes Kindes, / das zwischen Gräsern seine Träume träumte / von einem Leben, wie es niemals kam…"

Foto oben: Im Frühjahr 1954 gab es viel freien Raum in Paderborn. Hier war die Ruine des Abdinghofklosters schon abgetragen, doch Neues noch nicht gebaut. Abdinghofkirche und Dom, den man einzurüsten begonnen hat, sind aus einer ganz fremden Perspektive zu sehen. Die dünnen Bäumchen im Vordergrund betonen die Leere zwischen den Türmen. Wäre da nicht das Schulkind, könnte man meinen, eine Geisterstadt sei auf den Film gebannt worden.

Foto rechts: Ein größerer Kontrast dazu wäre kaum vorstellbar als diese Aufnahme des Paderquellgebiets um 1960. Das Stadthaus mit seiner klar gegliederten, doch monotonen Fensterfront hat die Lücke am Abdinghof geschlossen. Nicht jeder weiß, daß der Kreuzgang des Klosters in diesem Gebäude erhalten ist und die Kantine der Stadtverwaltung sich im historischen Remter befindet. Noch wirkt die Anlage mit den umgeleiteten und verbreiterten Wasserläufen kahl wie die Umgebung eines Neubaus, wenn der

Landschaftsgärtner gerade da war. Pläne, das ehemals dicht bebaute westliche Paderquellgebiet neu zu gestalten, reichen in die Vorkriegszeit zurück. Viele der alten Gebäude waren für den Abbruch vorgesehen, um Grünflächen zu schaffen. Heutige Stadtplaner hätten die Idylle am Wasser wohl nicht einfach abgerissen, aber die Bomben hatten schon entschieden. Jenny Aloni schreibt 1955: „Wo jetzt die Wasser spülen, stand ein Haus, / das alles barg, was dann verloren ging, / das alles barg, was man zertreten hat..."

Gleich nach dem Krieg hatten sich hier Behelfsheime gedrängt. Nun kann man sich auf der Parkbank ausruhen. „Und siehe da, es war sehr gut." (I. Mose I, 31).

Foto links: Idylle an der Warmen Pader. Die Frau hält den Jungen mit der hochangeschnittenen Frisur und den kurzen Trägerhosen fest an der Hand: „Fall mir bloß nicht ins Wasser!" Das Schwanenpaar ist wohl schon daran gewöhnt, gefüttert zu werden. Im Mai 1954 war die Hungerzeit für die Menschen lange vorbei, es blieb Brot für die Tiere übrig.

Foto oben: Sieben Jahre später findet vor etwa der gleichen Kulisse eine kleine Sensation statt: Die Feuerwehr hält eine Löschübung ab. Wasser marsch! Es spritzt aus den Schläuchen, die Kinder reißen Mund und Nase auf. Das Unterhaltungsangebot in der Stadt war noch mager: das Kino, ab und zu ein Zirkus, Fernsehen hatte noch längst nicht jeder. Diese Kinder genießen bescheidene Freuden. Hinter ihnen die zweckmäßigen Bauten der 50er Jahre, Wohnungen mit genormten Balkons, blumengeschmückt. Das Leben könnte nicht normaler sein. Einige der größeren Jungen sind vielleicht gegen Ende des Krieges geboren, der aber scheint sehr viel länger vorbei als erst fünfzehn Jahre.

Foto links: Wasser zieht Kinder magisch an: Im Paderquellgebiet planschen sie in den Kaskaden. Vor zerschlagenen Bierflaschen und anderem Konsumschrott brauchten sie sich nicht zu fürchten. Wo konnte man sich sonst auch im Sommer erfrischen? Die alten Bäder, Rolandsbad und Inselbad, gab es nicht mehr, das neue Freibad wurde erst in den 60ern eröffnet. Die Kinder der Stadtheide gingen in der Lippe schwimmen.

Foto oben: Diese drei spielen an der Dielenpader: So kindlich sahen Mädchen und Jungen 1953 noch aus. Vor der inzwischen restaurierten Domdechanei, der heutigen Stadtbibliothek, ist es seitdem lichter geworden, doch das Wasser fließt wie damals.

Nicht weit von der Dielenpader, in der Königstraße, erinnert 1950 die Ruine des Gerichtsgefängnisses an die Zerstörung der Stadt. Ein Schild warnt vor dem Betreten der Trümmerstätte: „Lebensgefahr!" Das Gebäude war 1739 als „Zucht- und Fabrikenhaus" für Strafgefangene, Arbeitslose und Waisen errichtet worden, die hier Strümpfe herstellen sollten; später war es Inquisitoriat. In der Nazizeit waren hier auch politische Gefangene inhaftiert, so daß das Gebäude mit der „großen Treppe" ein berüchtigter Ort war und vielen Angst einflößte. Da Gefangene bei Luftangriffen nicht in den Keller gehen durften, sind viele von ihnen Opfer der Bomben geworden, so wie die drei unbekannten Frauen, die auf dem Ostfriedhof begraben sind. Bis heute weiß niemand, woher sie stammten und weshalb sie in diesem Gefängnis waren. Das Portal wurde fast vierzig Jahre nach der Zerstörung bei der neuen Bonifatius-Buchhandlung auf dem Kamp eingebaut. An der Stelle des Gefängnisses steht heute das Bekleidungskaufhaus C.&A. Brenninkmeyer; eine moderne große Treppe führt zum Königsplatz hinauf. Hier ist die Stadt seit den 50er Jahren so vollkommen verändert worden, daß jemand, der Jahrzehnte abwesend war und jetzt zurückkehrt, sie kaum wiedererkennen würde.

Schwer vorstellbar, daß in dieser Ruine noch Menschen wohnten. Doch tatsächlich war das Gerichtsgefängnis - wie der Chronist meldet - nur „teilzerstört", und in den Resten des Gebäudes waren bis Ende 1949 vor allem Flüchtlinge notdürftig einquartiert. Diese junge Familie gehört vermutlich auch zu denen, die aus dem Osten vertrieben worden waren und in Paderborn wieder Fuß fassen mußten. Man lebt halb im Freien, buchstäblich zwischen Trümmern, Eisenbeton ragt ins Bild, ein primitives Ofenrohr führt aus dem Wohnraum, der wohl ursprünglich eine Zelle war, nach draußen. Aber die junge Frau hat trotz dieses Elends ein Lächeln für den Fotografen, und auch die kleine Tochter mit den runden Bäckchen sieht in dem weißen niedrigen Kinderwagen, der vielleicht einen sehr weiten Weg zurückgelegt hat, nicht unglücklich aus. Was mag aus dem Kind geworden sein? Ob es sich noch wiedererkennen würde? Im Hintergrund ein wichtiger Haushaltsgegenstand jener Zeit: Die Zinkbadewanne, die in Paderborn damals auch „Pullefaß" hieß, war für die Körperpflege und für die Wäsche unentbehrlich.

Foto links außen: „Auf den Dielen", eine Nachkriegsidylle. Diese Fachwerkzeile ist weitgehend heilgeblieben. Die Frau spült ihre Wäsche in der Dielenpader, wie dies die Paderbornerinnen jahrhundertelang machten. Obwohl die Waschmittelwerbung den Hausfrauen „das strahlendste Weiß ihres Lebens" versprach, blieb die große Wäsche lange eine schwere Arbeit - bis die modernen Waschautomaten erschwinglich wurden. Die Pader vor der Tür half Geld zu sparen, als es noch knapp zuging. Die Kinder lassen Schiffchen schwimmen.

Foto links: Der Blick in die Mühlenstraße und zum Geißelschen Garten hinüber fällt auf zwei mitten im Sommer kahle Baumwipfel - Spuren des großen Feuers im März 1945? Links eindrucksvoll Schwarzendahls Mühle, wie soviele stattliche und sakrale Bauten Paderborns aus dem Kalkstein der Hochfläche errichtet. Die Mühle ist noch eine Mühle; heute kann man dort ein Appartement beziehen oder chinesisch essen gehen. Gegenüber eine Gastwirtschaft: Paderborns Vergnügungszentrum, „Hafenviertel" genannt, beginnt sich zu entwickeln. In den 50ern sind viele englische Soldaten hier anzutreffen. Die alte Gaststätte „Erzengel Gabriel" - heute Weinkrüger -, die für Tanz und Versammlungen aller Art sogar einen Saal mit knarrendem Bretterboden hat, liegt gleich um die Ecke. Zwei Arbeiter schieben einen Karren, damals das Transportmittel des kleinen Mannes, das man sich im Betrieb – „auffe Bahn", „bei de Chass" oder „bein Krauter" – ausleiht. Das Fahrrad, mit dem man am Morgen zur Arbeit fuhr, kehrt auf der Karre zurück. Die obligatorische Aktentasche darf nicht fehlen.

Foto links: Friedlich wie ein Dorfanger liegt der Maspernplatz da - nichts deutet darauf hin, daß einmal ein asphaltierter Großparkplatz aus ihm wird. Hinter Bäumen ist der Domturm zu ahnen. Einige Jahre vorher hatte die Trümmerbahn aus der zerstörten Stadt Schutt hergebracht, der in einer Verwertunganlage zu neuen Bausteinen geformt wurde. Auch darüber ist Gras gewachsen.

Foto oben: Im September 1950 sind noch beladene Loren vor der Häuserzeile zu erkennen, die inzwischen modernen Bauten gewichen ist. Man kommt vom Gottesdienst im Dom und zieht zur Domschule, die aus den Trümmern der Handelsschule entstand und an diesem Tag eingeweiht wird. Die „I-Pümmel", so sagte man damals in Paderborn, gehen „zwei und zwei" und sehen aus wie Kinder vor dem Krieg, besonders die Mädchen mit Tolle und Affenschaukeln. Die Zeit der von oben verordneten Gemeinschaftsschule ist vorbei. Der Dompfarrer betont in der Festansprache, daß die Kinder „zu tüchtigen Bürgern und gläubigen Christen" erzogen werden sollen. Immer wieder, schreibt das „Westfälische Volksblatt", habe es „Zeiten und Strömungen gegeben, die das Kreuz aus der Schule verbannen wollten. Aber sieghaft zog das Kreuz wieder ein."

Vor der Währungsreform, als noch „kompensiert" wurde, war die Tauschzentrale in der Heiersstraße 22 ein wichtiger und vielbesuchter Ort. „Was man hatte, wurde getauscht - zu kaufen gab's ja nichts", erzählen die, die es noch erlebt haben. Auch als nach dem magischen Datum, dem 20. Juni 1948, plötzlich die Läden voll waren, gab es die Tauschzentrale weiterhin. Kleidung und Schuhe wurden noch ein weiteres Jahr bewirtschaftet, außerdem war das neue Geld knapp, und längst nicht jeder konnte sich gleich in der Westernstraße einkleiden. Hier werden Schuhe feilgeboten, ein Herd steht bereit, denn man richtet sich wieder ein, der Kanonenofen hat ausgedient. Das Schaufenster ist gegen Diebstahl gesichert; die Kriminalitätsrate war hoch in den Mangeljahren nach dem Krieg.

Was wird der Mann für seinen Apparat eintauschen? Ein paar Kontorbücher - Papier ist noch Mangelware - oder einen Anzug? Bald wird das Vorkriegsradio nicht mehr gefragt sein, denn neue Typen mit magischem Auge und Tastatur aus Plastikelfenbein erobern den Markt, und für nostalgische Sammler ist es noch zu früh.
Der Tauschhändler versuchte, mit der Zeit zu gehen. Der Name des Ladens wandelte sich über „Tausch- und Kaufzentrale" schließlich zur „Kaufzentrale", aber es lohnte sich nicht mehr. Erst als das Gebrauchte lange Jahre später „second hand" heißt, kann sich ganz in der Nähe in einem ehemaligen Fischgeschäft ein ähnlicher Laden etablieren. Wo es damals im Haus Nr. 22 nach Gebrauchtem muffte, duftet heute im Schnellimbiß „Korfu" Gyros Pitta - griechische Dörfer für die Menschen damals, ebenso unbekannt wie Pizza oder gar Döner Kebab.

Ein prächtiger, aufwendiger Fronleichnamsaltar am Gierstor. Jedes der fünf Stadttore hatte seinen eigenen, und prächtig waren sie alle. Juniblumen leuchten und bunte, mit Ornamenten und Schriftzügen kunstvoll verzierte Blütenteppiche. Auch Birkenbüsche und Farnwedel, gefärbtes Sägemehl und Teppiche aus bürgerlichen Wohnzimmern wurden verwendet. Es war Ehrensache und ein Gemeinschaftserlebnis, beim Schmücken zu helfen. Die große Fronleichnamsprozession ging vom Dom aus und führte auf dem Wall rund um die Stadt. 10 000 Menschen nahmen im Jahre 1952 daran teil. Der Chronist notiert ihren „glanzvollen Verlauf", eine Lautsprecheranlage sorgte dafür, „daß eine geschlossene Übertragung der Lieder und Gebete erzielt wurde, die überall vernehmbar waren." Ob es wirklich so war, daß nun nicht mehr an der Spitze des Zuges schon die zweite oder gar dritte Strophe gesungen wurde, während man am Ende noch bei der ersten war, darf bezweifelt werden. Auch an diesem hohen kirchlichen Festtag verlangt das Weltliche einen Tribut an die Fremden: Altenbeken 14, Goslar 156 km.

Liboriprozession 1956. Jugendgruppen ziehen mit ihren Fahnen am Bogen vor dem Westphalenhof zur Kasseler Straße hin. In der Sonderausgabe des „Westfälischen Volksblatts" vom 27. März 1955 heißt es auf der Bildseite „PADERBORNS NEUES GESICHT" unter dem Bild des Westphalenhofs: „Verbindung von alter Tradition und neuem Bauwille. Das Altersheim Westphalenhof fügt sich hervorragend in die neue Gestaltung Paderborns." Der Laie wird annehmen, daß die alte Tradition durch das Portal und vielleicht den Bogengang und der neue Bauwille durch das übrige repräsentiert wird. Betroffenheits- und Konfliktkulturen sind in weiter Ferne. Vollmundiges rauscht noch unverlacht dahin. Auch die Jugend - gewiß hat man schon von Halbstarken gehört - legt es nicht auf harten Konflikt an. Daß die Deutsche Pfadfinderschaft St. Georg einmal auch Evangelische und Mädchen in ihre Reihen aufnehmen könnte, ist schwer vorstellbar. Vorn die Jungen in den dunklen Jacken sind milde oppositionell; ihre Gruppe ist Anfang der 50er aus einer Abspaltung des Bundes Neudeutschland hervorgegangen. Noch verträgt sich in Paderborn der Widerspruchsgeist der Jugend mit der Teilnahme an alten Traditionen.

Foto oben: Die ganze Stadt war nach dem Krieg ein Abenteuerspielplatz. Das Wort gab es natürlich noch nicht. Kinder spielten in den Trümmern und in Splittergräben, was nicht ungefährlich war. Und immer war eine kleine Bande zusammen wie hier 1954 an der Karlsschule. Man baute sich eine Wippe aus alten Baumstämmen und einem Brett, man hatte Platz, um „Der König schickt seine Soldaten aus" zu spielen oder zu „pöhlen". Bald wird dies unbekümmerte gemeinsame Spiel im Freien nicht mehr überall möglich sein. Der Autoverkehr nimmt zu, Straßen werden gebaut, so wie Jahre später am Liboriberg, Richtung Kasseler Tor *(Foto links)*. Der Straßenbau hat einen „ungeheuren Nachholbedarf", stellt das „Westfälische Volksblatt" 1955 fest, der Verkehr entwickelt sich „stürmisch" aufwärts, und die alten Straßen sind ihm nicht mehr gewachsen. Es wird verbreitert und asphaltiert, das alte Pflaster verschwindet, die Stadt nimmt moderne Formen an. Hier wird der Strom der Autos vorbeiziehen; was so breit aussieht, wird bald zum Engpaß.

Kirmes auf dem unteren Liboriberg! Die technischen Sensationen von heute fehlen noch, doch was traditionellerweise zum Rummel gehört, ist längst wieder da. Die Raupe, unter deren Verdeck sich die Jugend näherkam, ist auf dem Bild nicht zu sehen. Fischbrötchen und gebrannte Mandeln sind ein Hochgenuß. Der kleine Junge mit dem Gasballon *(Foto oben)* hat sich rund zehn Jahre früher vom Festplatz auf den Heimweg gemacht. Seine Mutter trägt in ihren Schuhen, die Holzsohlen haben, Söckchen. Die waren Mode, vielleicht weil Nylons unerschwinglich waren. Auf dem Schuhwerk der drei liegen Staub und Matsch, die Asphaltzeit war noch nicht gekommen.

Winter in Paderborn. Am Busdorfwall, unterhalb der Busdorfkirche, wird gerodelt. Eine wunderbare Gelegenheit, wenn man keine Berge hat. Welche Kinder fahren denn schon zum Wintersport? Es ging höchstens einmal mit der Straßenbahn nach Schlangen und dann in die Egge zum Bauernkamp.

Foto rechts: Auch der Gierswall sieht fast noch genauso aus wie heute. Nur die Gaslaterne zeigt die andere Zeit an, und der Dreiradwagen Marke „Goliath", längst ausgestorbener Lastesel des Milchmanns oder Kohlenhändlers. Und der Schnee! In der Erinnerung waren die Winter immer kälter und weißer als heute...

Foto links oben: Irgendwann vor dem 29. September 1959 am Straßenbahndepot am Tegelweg. Die Linie 2 auf dem Weg in die Stadtheide. Bei diesem Bild denkt man nicht an das, was einem heute zum Tegelweg einfällt, nicht an die ruhige Wohnstraße und sattes Baumgrün. Dies ist Industrievorstadt, Gasometer links am Rolandsweg, manchmal wehte es vom Gaswerk giftig herüber, der Himmel war mit Oberleitungsdrähten verspannt, eine kleine Rangierlok schleppte ein paar Güterwagen über die Straße. Die Straßenbahnwagen heulten in den Weichen, in dem würfelförmigen Wartehäuschen mit dem überkragenden Flachdach lagen immer Zigarettenkippen in den Ecken, und es roch nach Urin. Niemand wäre auf die Idee gekommen, in dem prosaischen Wagenschuppen, in dem später Kunstdünger lagert und Asylbewerber wohnen müssen, ein Baudenkmal zu sehen.

Foto links unten: Wer am „Betriebshof Tegelweg" vorbeifuhr, wollte in die Heide, vielleicht an Gärten und Feldern vorbei bis hierher zur Gaststätte Gerold, Endstation der Linie 2 vor ihrer endgültigen Einstellung.

Foto rechts: Es ist soweit, 29. September 1959, ein Kranz auf die Kupplung: „Zur letzten Fahrt!" Anschließend wird bei Gerolds gezecht. Den Rest übernehmen die Busse.

„Ringelrangelrose, Butter in die Dose, Schmalz in den Kasten, morgen woll'n wir fasten"... Sonntagnachmittag auf dem Thüringer Weg in der Stadtheide in den frühen 50er Jahren. Die Mutter und die Mädchen tragen ihre weißen Sonntagsschürzen („Macht euch bloß nicht schmutzig!"), Fernsehen gibt es nicht, die Großen spielen „Brennball" und „Räuber und Schandit". Der Dr. Rörig-Damm verläuft in der Talle im Sand. Mit Autoverkehr brauchen spielende Kinder nicht zu rechnen. Die Ureinwohner verstehen sich noch aufs Plattdeutsche, fahren Mist aus und Heu ein. Zwischen dem „Weg" und dem „Damm" liegen Felder. Der Weg ist unbefestigt. Auch das blaue Pflaster des Dr. Rörig-Damms bricht kurz hinter den im Hintergrund sichtbaren Häusern bei der alten Heidekirche, die damals noch die neue war, ab. Es gibt drei Lebensmittelgeschäfte, eine Poststelle, sogar einen Doktor, einen aus dem „Osten", der ein paar Jahre früher noch mit dem Fahrrad kam. Außerdem aber gibt es vor allem den „Schinkenbäcker", Gastwirt, Lebensmittelhändler, Bäcker, Altschützenkönig (beim Armbrustschießen S. 31 steht er in der ersten Reihe!) und Chef der Freiwilligen Feuerwehr in einem. Zwanzig Jahre zuvor war es hier kaum anders. Die Stadtheide, die sich seitdem immer mehr mit Häusern und Menschen füllt, scheint fast leer. Jeder verstand jeden - und manchmal zu gut.

In dem langen Jahrzehnt des Wiederaufbaus und den vielen Jahren dynamischer Stadtentwicklung danach haben die Paderborner viel gewonnen. Umsonst aber gab es nichts: So sah das heutige Gewerbegebiet „Dörener Feld" in den 50er Jahren aus. Im Rothebach an den nahen Lothewiesen schwammen noch Forellen, was Apfel- und Zwetschgenbäume trugen, wurde im Herbst versteigert und geerntet. Heute fällt der Bach im Sommer trocken, wo noch Obstbäume in der Feldflur stehen, lohnt sich das Pflücken nicht mehr. Auf dem George-Marshall-Ring rauscht der Verkehr vorbei. Im Hintergrund leuchten bunte Riesenschriftzüge aus dem Gewerbegebiet herüber.

Fotonachweis:

S. 5:	Westf. Amt für Denkmalpflege / Stadtarchiv Paderborn (StdtA Pb)
S. 6:	Ertmer, StdtA Pb
S. 7:	StdtA Pb
S. 8:	PESAG
S. 9:	Ertmer, StdtA Pb
S. 10:	Ertmer, StdtA Pb
S. 11:	Ertmer, StdtA Pb
S. 12:	Michels, StdtA Pb
S. 13.	Ertmer, StdtA Pb
S. 14:	Ertmer, StdtA Pb
S. 14/15:	PESAG
S. 15:	Westf. Amt für Denkmalpflege
S. 16:	StdtA Pb
S. 17:	„Westfälisches Volksblatt" / StdtA Pb
S. 18:	PESAG
S. 19:	„Westfälisches Volksblatt"
S. 20:	StdtA Lippstadt, Altes Bildarchiv W. Nies
S. 21:	Michels, StdtA Pb
S. 22:	Klose, Landesbildstelle Westfalen
S. 23:	„Westfälisches Volksblatt"
S. 24:	Landesbildstelle Westfalen
S. 25:	„Westfälisches Volksblatt"
S. 26:	oben: SPD Ortsverein Paderborn
	unten: StdtA Lippstadt, Altes Bildarchiv W. Nies
S. 27:	Michels, StA Pb
S. 28:	StdtA Pb
S. 29:	Ertmer, StA Pb
S. 30:	StdtA Lippstadt, Altes Bildarchiv W. Nies
S. 31:	ebd.
S. 32	links oben: Bürger-Schützenverein Paderborn
	links unten und rechts: StdtA Lippstadt, Altes Bildarchiv W. Nies
S. 33:	ebd.
S. 34:	Klose, Landesbildstelle Westfalen
S. 35:	„Westfälisches Volksblatt" / StA Pb
S. 36:	links: StdtA Lippstadt, Altes Bildarchiv W. Nies
	rechts: Archiv d. Erzbischöflichen Generalvikariats Paderborn
S. 37:	Ertmer, StdtA Pb
S. 38:	links: Archiv d. Erzbischöflichen Generalvikariats Paderborn
	rechts: Trapp, StdtA Pb
S. 39:	Haase, Archiv d. Erzbischöflichen Generalvikariats Paderborn
S. 40:	Archiv d. St. Michaels-Klosters Paderborn
S. 41:	Gockel, Archiv d. Erzbischöflichen Generalvikariats Paderborn
S. 42:	Ertmer, StdtA Pb
S. 43:	ebd.
S. 44:	Landesbildstelle Westfalen
S. 45:	Michels, StdtA Pb
S. 46:	ebd.
S. 47:	Ertmer, StddtA Pb
S. 48.	Landesbildstelle Westfalen
S. 49:	Böse, Archiv F. Golücke
S. 50:	Ertmer, StdtA Pb
S. 51:	Michels, StdtA Pb
S. 52:	Michels, StdtA Pb
S. 53:	StdtA Lippstadt, Altes Bildarchiv W. Nies
S. 54:	„ Westfälisches Volksblatt"
S. 55:	Michels, StdtA Pb
S. 56:	Ertmer, StdtA Pb
S. 57:	StdtA Pb
S. 58 / 59:	StdtA Lippstadt, Altes Bildarchiv W. Nies
S. 60 / 61:	Maria Ilgen
S. 62:	Ertmer, StdtA Pb
S. 63:	Heinz Thrien
S. 64:	Ertmer, StdtA Pb
S. 65:	Privat
S. 66 / 67:	Ertmer, StdtA Pb
S. 68:	oben: Archiv Toni Vogt
	unten: Böse, Archiv F. Golücke
S. 69:	ebd.
S. 70:	Archiv Toni Vogt
S. 71:	Maria Ilgen